예상고객 명단 | 고객 & 회원 명단 | 고객 & 회원 관리노트

성공을 위한

고객관리노트

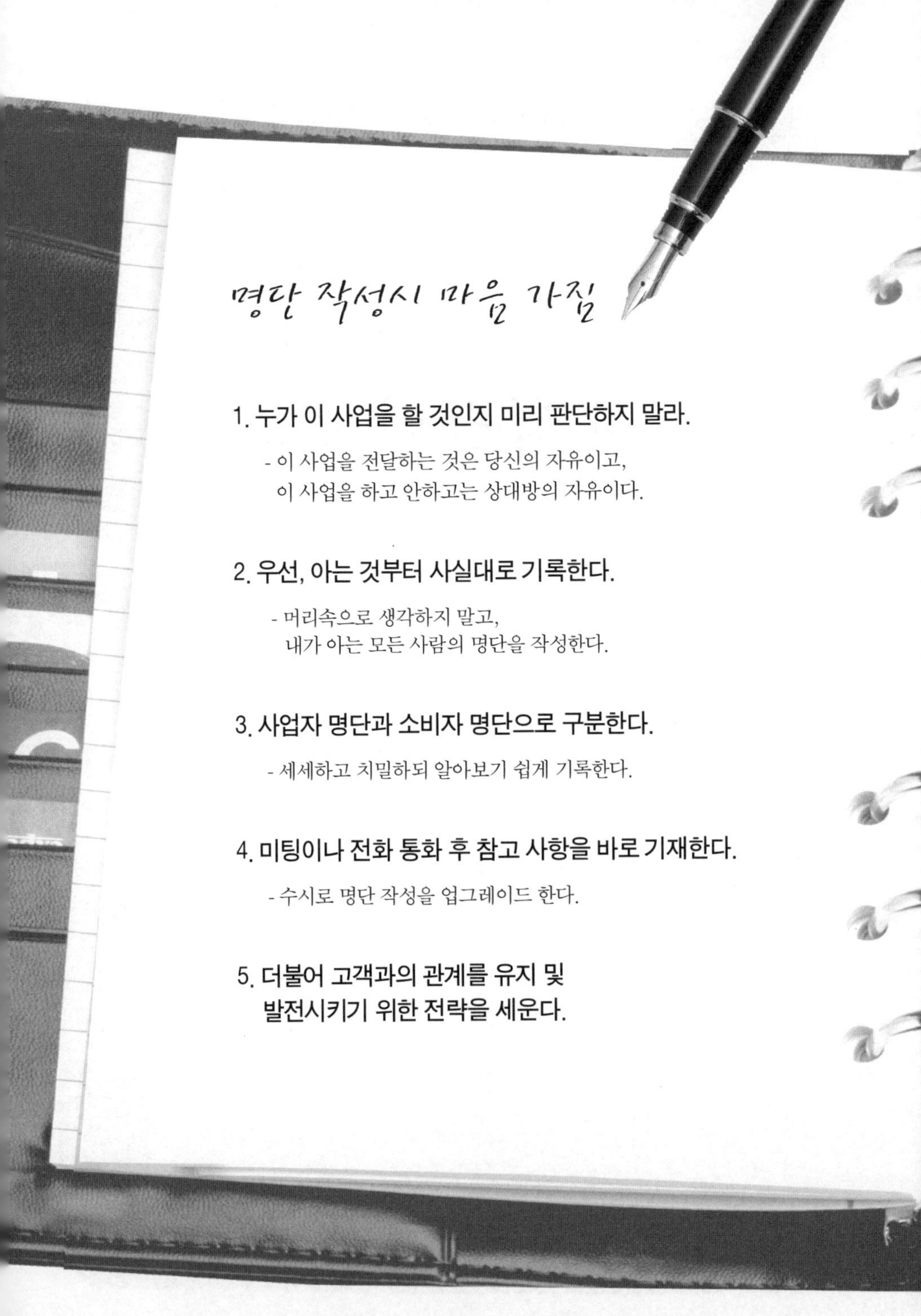

명단 작성시 마음 가짐

1. 누가 이 사업을 할 것인지 미리 판단하지 말라.

   - 이 사업을 전달하는 것은 당신의 자유이고,
   이 사업을 하고 안하고는 상대방의 자유이다.

2. 우선, 아는 것부터 사실대로 기록한다.

   - 머리속으로 생각하지 말고,
   내가 아는 모든 사람의 명단을 작성한다.

3. 사업자 명단과 소비자 명단으로 구분한다.

   - 세세하고 치밀하되 알아보기 쉽게 기록한다.

4. 미팅이나 전화 통화 후 참고 사항을 바로 기재한다.

   - 수시로 명단 작성을 업그레이드 한다.

5. 더불어 고객과의 관계를 유지 및
   발전시키기 위한 전략을 세운다.

나만의 드림빌딩

당신이 가지고 싶은 것, 하고 싶은 것,
가고 싶은 곳을 시각화하기위해 사진을 붙이세요.
꿈은 이루어집니다.

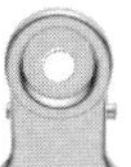

새롭게 바라보기

자신을 새롭게 바라보라
늘 봐 왔던 각도가 아닌
눈높이도 다르게 직립보행의 시각이 아닌
이제 막 태어난 독사가 땅을 미끄러져 가듯 보라
하늘을 나는 독수리의 높이로, 눈으로 자신을 보라

자신이 이룬 보잘것 없어 보이는 그것
새로운 각도로 재조명하라
자신이 이룬 엄청난 업적을
갈아엎듯 새롭게 바라보라

설게 보기 위하여
전혀 새롭게 바라보기 위하여
거북 등껍데기처럼 단단해진
고정관념 와장창 깨뜨려 새롭게 하라

타인의 시각으로 바라보라
차가운 얼음의 온도로 자신을 바라보라

애정도 관계도 고정관념도 버리고
자신을 비커 속의 화학성분으로 바라보라
비누 몇 장의 화폐가치로 바라보라

이처럼 하찮은 자신이 이룰 수 있는
엄청난 가능성을 바라보라

- 엘리어트 조의 성공 & poem
('20대는 물음표로 40부터 느낌표처럼 살아라' 본문중에서)

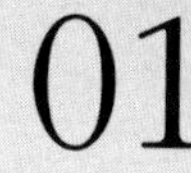

01

예상고객명단

예상고객명단

NO.	성　명	연령	성별	지　역	직업 / 직위	연락처 / E-mail
1						
2						
3						
4						
5						
6						
7						
8						
9						
10						
11						
12						
13						
14						
15						
16						
17						
18						
19						
20						
21						
22						

성 격	생활수준	비 고	결과 / 반응

예상고객명단

NO.	성 명	연령	성별	지 역	직업/직위	연락처/E-mail
23						
24						
25						
26						
27						
28						
29						
30						
31						
32						
33						
34						
35						
36						
37						
38						
39						
40						
41						
42						
43						
44						

성 격	생활수준	비 고	결과 / 반응

예상고객명단

NO.	성 명	연령	성별	지 역	직업 / 직위	연락처 / E-mail
45						
46						
47						
48						
49						
50						
51						
52						
53						
54						
55						
56						
57						
58						
59						
60						
61						
62						
63						
64						
65						
66						

성 격	생활수준	비 고	결과 / 반응

예상고객명단

NO.	성 명	연령	성별	지 역	직업/직위	연락처/E-mail
67						
68						
69						
70						
71						
72						
73						
74						
75						
76						
77						
78						
79						
80						
81						
82						
83						
84						
85						
86						
87						
88						

성 격	생활수준	비 고	결과 / 반응

정면 승부

세상과 타협하는 일은
정면 승부가 아닙니다
내 삶에 정면 승부는
삶이나 누군가를 속이는 일이 아닙니다

더불어 살아서 부딪치는 것이
인생의 정면 승부입니다
세상과 더불어 기쁨을 보태는 일입니다
정면 승부는 당신이 걸어간 깨끗한 발자국입니다

내 삶에 소중한 것들을 아직도 미루어 왔다면
이제 마주 서세요
그리고 바라보세요
잠시 동안만 생각하세요
삶이 3일 뒤에 마감된다면
당신은 남은 시간 무엇을 할까 잠시 생각해 보세요

그 일을 지금 시작하세요
정면으로 부딪쳐서 깨끗한 발자국을 남기세요

- 엘리어트 조의 성공 & poem
('20대는 물음표로 40부터 느낌표처럼 살아라' 본문중에서)

02

고객 & 회원명단

고객 & 회원 명단

NO.	성　명	연락처 / E-mail	회원번호
1			
2			
3			
4			
5			
6			
7			
8			
9			
10			
11			
12			
13			
14			
15			
16			
17			
18			
19			
20			
21			
22			

주　　소	활동가능지역	결과/반응

고객 & 회원 명단

NO.	성　명	연락처 / E-mail	회원번호
23			
24			
25			
26			
27			
28			
29			
30			
31			
32			
33			
34			
35			
36			
37			
38			
39			
40			
41			
42			
43			
44			

주 소	활동가능지역	결과 / 반응

고객 & 회원 명단

NO.	성 명	연락처 / E-mail	회원번호
45			
46			
47			
48			
49			
50			
51			
52			
53			
54			
55			
56			
57			
58			
59			
60			
61			
62			
63			
64			
65			
66			

주 소	활동가능지역	결과/반응

고객 & 회원 명단

NO.	성 명	연락처 / E-mail	회원번호
67			
68			
69			
70			
71			
72			
73			
74			
75			
76			
77			
78			
79			
80			
81			
82			
83			
84			
85			
86			
87			
88			

주　　소	활동가능지역	결과/반응

세상을 위한 일과 나를 위한 일

진정 세상을 위해 벽돌을 하나 쌓고 싶다면
먼저 자신을 위한 일을 찾아보세요
그 일이 자신을 위한 일이라면 좋겠어요
그 일이 당신 가족과 주변의 사람들을 위한 일이라면 좋겠어요

세상을 위한 일을 하고 싶다면
먼저 당신의 가장 사랑하는 사람에게 소중한 일을 하세요
그리고도 남는 시간이 있다면 가족에게 소중한 일을 하세요
그리고도 시간이 남는다면
세상을 위한 일이 무엇인지 찾아보세요

그런 일을 당장 시작해 보세요
당신 하는 일이 신념에 찰 때까지

세상을 바꾸는 첫번째는
당신이 변화하는 일이라는 걸 잊지 마세요

세상은 당신이 바뀐 모습을 보고
감동 후 뒤쫓아 바뀐다는 사실도 잊지 마세요

- 엘리어트 조의 성공 & poem

('20대는 물음표로 40부터 느낌표처럼 살아라' 본문중에서)

03

고객 & 회원 관리노트

고객 & 회원 관리노트

☐소매고객 ☐회원
☐미혼 ☐기혼

성 명		회원번호		가입일자	
주민등록번호		전 화		핸드폰	
주 소					
직업/직위		가족관계			
기 타		E-mail			
사업보조자료전달					

년 월 일	제 품 명	수량	금 액	사용호응도	사용기간

년 월 일	제 품 명	수량	금 액	사용호응도	사용기간

고객 & 회원 관리노트

□소매고객 □회원
□미혼 □기혼

성 명		회원번호		가입일자	
주민등록번호		전 화		핸드폰	
주 소					
직업/직위		가족관계			
기 타		E-mail			
사업보조자료전달					

년 월 일	제 품 명	수량	금 액	사용호응도	사용기간

년 월 일	제　품　명	수량	금　　액	사용호응도	사용기간

고객 & 회원 관리노트

☐ 소매고객 ☐ 회원
☐ 미혼 ☐ 기혼

성 명		회원번호		가입일자	
주민등록번호		전 화		핸 드 폰	
주 소					
직업/직위			가족관계		
기 타			E-mail		
사업보조자료전달					

년 월 일	제 품 명	수량	금 액	사용호응도	사용기간

년 월 일	제 품 명	수량	금 액	사용호응도	사용기간

고객 & 회원 관리노트

☐소매고객 ☐회원
☐미혼 ☐기혼

성 명		회원번호		가입일자	
주민등록번호		전 화		핸드폰	
주 소					
직업/직위		가족관계			
기 타		E-mail			
사업보조자료전달					

년 월 일	제 품 명	수량	금 액	사용호응도	사용기간

년 월 일	제 품 명	수량	금 액	사용호응도	사용기간

고객 & 회원 관리노트

☐소매고객 ☐회원
☐미혼 ☐기혼

성 명		회원번호		가입일자	
주민등록번호		전 화		핸 드 폰	
주 소					
직업/직위				가족관계	
기 타				E-mail	
사업보조자료전달					

년 월 일	제 품 명	수량	금 액	사용호응도	사용기간

년 월 일	제 품 명	수량	금 액	사용호응도	사용기간

고객 & 회원 관리노트

□소매고객 □회원
□미혼 □기혼

성 명		회원번호		가입일자	
주민등록번호		전 화		핸드폰	
주 소					
직업/직위			가족관계		
기 타			E-mail		
사업보조자료전달					

년 월 일	제 품 명	수량	금 액	사용호응도	사용기간

년 월 일	제 품 명	수량	금 액	사용호응도	사용기간

고객 & 회원 관리노트

□ 소매고객 □ 회원
□ 미혼 □ 기혼

<table>
<tr><td>성 명</td><td></td><td>회원번호</td><td></td><td>가입일자</td><td></td></tr>
<tr><td>주민등록번호</td><td></td><td>전 화</td><td></td><td>핸드폰</td><td></td></tr>
<tr><td>주 소</td><td colspan="5"></td></tr>
<tr><td>직업/직위</td><td colspan="2"></td><td>가족관계</td><td colspan="2"></td></tr>
<tr><td>기 타</td><td colspan="2"></td><td>E-mail</td><td colspan="2"></td></tr>
<tr><td>사업보조자료전달</td><td colspan="5"></td></tr>
</table>

년월일	제품명	수량	금액	사용호응도	사용기간

년월일	제품명	수량	금액	사용호응도	사용기간

고객 & 회원 관리노트

□소매고객 □회원
□미혼 □기혼

성 명		회원번호		가입일자	
주민등록번호		전 화		핸드폰	
주 소					
직업/직위			가족관계		
기 타			E-mail		
사업보조자료전달					

년 월 일	제 품 명	수량	금 액	사용호응도	사용기간

년월일	제 품 명	수량	금 액	사용호응도	사용기간

고객 & 회원 관리노트

☐ 소매고객 ☐ 회원
☐ 미혼 ☐ 기혼

성 명		회원번호		가입일자	
주민등록번호		전 화		핸 드 폰	
주 소					
직업/직위			가족관계		
기 타			E-mail		
사업보조자료전달					

년 월 일	제 품 명	수량	금 액	사용호응도	사용기간

년 월 일	제 품 명	수량	금 액	사용호응도	사용기간

고객 & 회원 관리노트

□소매고객 □회원
□미혼 □기혼

성 명		회원번호		가입일자	
주민등록번호		전 화		핸드폰	
주 소					
직업/직위		가족관계			
기 타		E-mail			
사업보조자료전달					

년 월 일	제 품 명	수량	금 액	사용호응도	사용기간

년 월 일	제 품 명	수량	금 액	사용호응도	사용기간

고객 & 회원 관리노트

□소매고객 □회원
□미혼 □기혼

성　　명		회원번호		가입일자	
주민등록번호		전　　화		핸드폰	
주　　소					
직업/직위		가족관계			
기　　타		E-mail			
사업보조자료전달					

년 월 일	제 품 명	수량	금　액	사용호응도	사용기간

년 월 일	제 품 명	수량	금 액	사용호응도	사용기간

고객 & 회원 관리노트

□소매고객 □회원
□미혼 □기혼

성 명		회원번호		가입일자	
주민등록번호		전 화		핸드폰	
주 소					
직업/직위		가족관계			
기 타		E-mail			
사업보조자료전달					

년 월 일	제 품 명	수량	금 액	사용호응도	사용기간

년 월 일	제 품 명	수량	금 액	사용호응도	사용기간

고객 & 회원 관리노트

☐소매고객 ☐회원
☐미혼 ☐기혼

성 명		회원번호		가입일자	
주민등록번호		전 화		핸드폰	
주 소					
직업/직위			가족관계		
기 타			E-mail		
사업보조자료전달					

년 월 일	제 품 명	수량	금 액	사용호응도	사용기간

년 월 일	제 품 명	수량	금 액	사용호응도	사용기간

고객 & 회원 관리노트

□ 소매고객 □ 회원
□ 미혼 □ 기혼

성 명		회원번호		가입일자	
주민등록번호		전 화		핸 드 폰	
주 소					
직업/직위		가족관계			
기 타		E-mail			
사업보조자료전달					

년 월 일	제 품 명	수량	금 액	사용호응도	사용기간

년 월 일	제 품 명	수량	금 액	사용호응도	사용기간

고객 & 회원 관리노트

☐소매고객 ☐회원
☐미혼 ☐기혼

성 명		회원번호		가입일자	
주민등록번호		전 화		핸 드 폰	
주 소					
직업/직위		가족관계			
기 타		E-mail			
사업보조자료전달					

년 월 일	제 품 명	수량	금 액	사용호응도	사용기간

년 월 일	제 품 명	수량	금 액	사용호응도	사용기간

고객 & 회원 관리노트

□ 소매고객 □ 회원
□ 미혼 □ 기혼

성 명		회원번호		가입일자	
주민등록번호		전 화		핸드폰	
주 소					
직업/직위			가족관계		
기 타			E-mail		
사업보조자료전달					

년 월 일	제 품 명	수량	금 액	사용호응도	사용기간

년 월 일	제 품 명	수량	금 액	사용호응도	사용기간

고객 & 회원 관리노트

□ 소매고객 □ 회원
□ 미혼 □ 기혼

성 명		회원번호		가입일자	
주민등록번호		전 화		핸 드 폰	
주 소					
직업/직위		가족관계			
기 타		E-mail			
사업보조자료전달					

년 월 일	제 품 명	수량	금 액	사용호응도	사용기간

년 월 일	제 품 명	수량	금 액	사용호응도	사용기간

고객 & 회원 관리노트

□소매고객 □회원
□미혼 □기혼

성 명		회원번호		가입일자	
주민등록번호		전 화		핸 드 폰	
주 소					
직업/직위		가족관계			
기 타		E-mail			
사업보조자료전달					

년 월 일	제 품 명	수량	금 액	사용호응도	사용기간

년 월 일	제 품 명	수량	금 액	사용호응도	사용기간

고객 & 회원 관리노트

□소매고객 □회원
□미혼 □기혼

성 명		회원번호		가입일자	
주민등록번호		전 화		핸 드 폰	
주 소					
직업/직위			가족관계		
기 타			E-mail		
사업보조자료전달					

년 월 일	제 품 명	수량	금 액	사용호응도	사용기간

년 월 일	제 품 명	수량	금 액	사용호응도	사용기간

고객 & 회원 관리노트

☐ 소매고객 ☐ 회원
☐ 미혼 ☐ 기혼

성　　명		회원번호		가입일자	
주민등록번호		전　　화		핸 드 폰	
주　　소					
직업/직위		가족관계			
기　　타		E-mail			
사업보조자료전달					

년 월 일	제 품 명	수량	금　액	사용호응도	사용기간

년 월 일	제 품 명	수량	금 액	사용호응도	사용기간

고객 & 회원 관리노트

□소매고객 □회원
□미혼 □기혼

성　　명		회원번호		가입일자	
주민등록번호		전　　화		핸 드 폰	
주　　소					
직업/직위		가족관계			
기　　타		E-mail			
사업보조자료전달					

년 월 일	제 품 명	수량	금　액	사용호응도	사용기간

년월일	제품명	수량	금액	사용호응도	사용기간

고객 & 회원 관리노트

☐소매고객 ☐회원
☐미혼 ☐기혼

성　명		회원번호		가입일자	
주민등록번호		전　화		핸 드 폰	
주　소					
직업/직위		가족관계			
기　타		E-mail			
사업보조자료전달					

년 월 일	제 품 명	수량	금　액	사용호응도	사용기간

년 월 일	제 품 명	수량	금 액	사용호응도	사용기간

고객 & 회원 관리노트

□ 소매고객 □ 회원
□ 미혼 □ 기혼

성　　명		회원번호		가입일자	
주민등록번호		전　　화		핸 드 폰	
주　　소					
직업/직위		가족관계			
기　　타		E-mail			
사업보조자료전달					

년 월 일	제 품 명	수량	금　　액	사용호응도	사용기간

년 월 일	제 품 명	수량	금 액	사용호응도	사용기간

고객 & 회원 관리노트

□ 소매고객 □ 회원
□ 미혼 □ 기혼

성　　명		회원번호		가입일자	
주민등록번호		전　　화		핸드폰	
주　　소					
직업/직위			가족관계		
기　　타			E-mail		
사업보조자료전달					

년 월 일	제 품 명	수량	금　　액	사용호응도	사용기간

년월일	제 품 명	수량	금 액	사용호응도	사용기간

고객 & 회원 관리노트

☐소매고객 ☐회원
☐미혼 ☐기혼

성 명		회원번호		가입일자	
주민등록번호		전 화		핸드폰	
주 소					
직업/직위		가족관계			
기 타		E-mail			
사업보조자료전달					

년 월 일	제 품 명	수량	금 액	사용호응도	사용기간

년 월 일	제 품 명	수량	금 액	사용호응도	사용기간

고객 & 회원 관리노트

☐소매고객 ☐회원
☐미혼 ☐기혼

성 명		회원번호		가입일자	
주민등록번호		전 화		핸드폰	
주 소					
직업/직위		가족관계			
기 타		E-mail			
사업보조자료전달					

년 월 일	제 품 명	수량	금 액	사용호응도	사용기간

년 월 일	제 품 명	수량	금 액	사용호응도	사용기간

고객 & 회원 관리노트

□소매고객 □회원
□미혼 □기혼

성　　명		회원번호		가입일자	
주민등록번호		전　　화		핸 드 폰	
주　　소					
직업/직위			가족관계		
기　　타			E-mail		
사업보조자료전달					

년 월 일	제 품 명	수량	금　액	사용호응도	사용기간

년 월 일	제 품 명	수량	금 액	사용호응도	사용기간

고객 & 회원 관리노트

□소매고객 □회원
□미혼 □기혼

<table>
<tr><td>성 명</td><td></td><td>회원번호</td><td></td><td>가입일자</td><td></td></tr>
<tr><td>주민등록번호</td><td></td><td>전 화</td><td></td><td>핸 드 폰</td><td></td></tr>
<tr><td>주 소</td><td colspan="5"></td></tr>
<tr><td>직업/직위</td><td colspan="2"></td><td>가족관계</td><td colspan="2"></td></tr>
<tr><td>기 타</td><td colspan="2"></td><td>E-mail</td><td colspan="2"></td></tr>
<tr><td>사업보조자료전달</td><td colspan="5"></td></tr>
</table>

년 월 일	제 품 명	수량	금 액	사용호응도	사용기간

년 월 일	제 품 명	수량	금 액	사용호응도	사용기간

고객 & 회원 관리노트

☐ 소매고객 ☐ 회원
☐ 미혼 ☐ 기혼

성 명		회원번호		가입일자	
주민등록번호		전 화		핸 드 폰	
주 소					
직업/직위			가족관계		
기 타			E-mail		
사업보조자료전달					

년 월 일	제 품 명	수량	금 액	사용호응도	사용기간

년 월 일	제 품 명	수량	금 액	사용호응도	사용기간

고객 & 회원 관리노트

□소매고객 □회원
□미혼 □기혼

성 명		회원번호		가입일자	
주민등록번호		전 화		핸 드 폰	
주 소					
직업/직위			가족관계		
기 타			E-mail		
사업보조자료전달					

년 월 일	제 품 명	수량	금 액	사용호응도	사용기간

년 월 일	제 품 명	수량	금 액	사용호응도	사용기간

고객 & 회원 관리노트

☐ 소매고객 ☐ 회원
☐ 미혼 ☐ 기혼

성 명		회원번호		가입일자	
주민등록번호		전 화		핸드폰	
주 소					
직업/직위			가족관계		
기 타			E-mail		
사업보조자료전달					

년 월 일	제 품 명	수량	금 액	사용호응도	사용기간

년 월 일	제 품 명	수량	금 액	사용호응도	사용기간

고객 & 회원 관리노트

☐ 소매고객 ☐ 회원
☐ 미혼 ☐ 기혼

성 명		회원번호		가입일자	
주민등록번호		전 화		핸드폰	
주 소					
직업/직위			가족관계		
기 타			E-mail		
사업보조자료전달					

년 월 일	제 품 명	수량	금 액	사용호응도	사용기간

년 월 일	제 품 명	수량	금 액	사용호응도	사용기간

고객 & 회원 관리노트

□소매고객 □회원
□미혼 □기혼

성 명		회원번호		가입일자	
주민등록번호		전 화		핸 드 폰	
주 소					
직업/직위		가족관계			
기 타		E-mail			
사업보조자료전달					

년 월 일	제 품 명	수량	금 액	사용호응도	사용기간

년 월 일	제 품 명	수량	금 액	사용호응도	사용기간

고객 & 회원 관리노트

□소매고객 □회원
□미혼 □기혼

성 명		회원번호		가입일자	
주민등록번호		전 화		핸 드 폰	
주 소					
직업/직위			가족관계		
기 타			E-mail		
사업보조자료전달					

년 월 일	제 품 명	수량	금 액	사용호응도	사용기간

년월일	제 품 명	수량	금 액	사용호응도	사용기간

고객 & 회원 관리노트

☐ 소매고객 ☐ 회원
☐ 미혼 ☐ 기혼

성 명		회원번호		가입일자	
주민등록번호		전 화		핸드폰	
주 소					
직업/직위			가족관계		
기 타			E-mail		
사업보조자료전달					

년월일	제 품 명	수량	금 액	사용호응도	사용기간

년 월 일	제 품 명	수량	금 액	사용호응도	사용기간

고객 & 회원 관리노트

☐소매고객 ☐회원
☐미혼 ☐기혼

성 명		회원번호		가입일자	
주민등록번호		전 화		핸 드 폰	
주 소					
직업/직위		가족관계			
기 타		E-mail			
사업보조자료전달					

년 월 일	제 품 명	수량	금 액	사용호응도	사용기간

년 월 일	제 품 명	수량	금 액	사용호응도	사용기간

고객 & 회원 관리노트

☐소매고객 ☐회원
☐미혼 ☐기혼

성　명		회원번호		가입일자	
주민등록번호		전　화		핸드폰	
주　소					
직업/직위		가족관계			
기　타		E-mail			
사업보조자료전달					

년월일	제품명	수량	금액	사용호응도	사용기간

년 월 일	제 품 명	수량	금 액	사용호응도	사용기간

고객 & 회원 관리노트

☐ 소매고객 ☐ 회원
☐ 미혼 ☐ 기혼

성　　명		회원번호		가입일자	
주민등록번호		전　　화		핸 드 폰	
주　　소					
직업/직위		가족관계			
기　　타		E-mail			
사업보조자료전달					

년 월 일	제 품 명	수량	금　액	사용호응도	사용기간

년 월 일	제 품 명	수량	금 액	사용호응도	사용기간

고객 & 회원 관리노트

☐소매고객 ☐회원
☐미혼 ☐기혼

성　　명		회원번호		가입일자	
주민등록번호		전　　화		핸 드 폰	
주　　소					
직업/직위		가족관계			
기　　타		E-mail			
사업보조자료전달					

년 월 일	제 품 명	수량	금　액	사용호응도	사용기간

년 월 일	제 품 명	수량	금 액	사용호응도	사용기간

고객 & 회원 관리노트

□ 소매고객 □ 회원
□ 미혼 □ 기혼

성 명		회원번호		가입일자	
주민등록번호		전 화		핸드폰	
주 소					
직업/직위			가족관계		
기 타			E-mail		
사업보조자료전달					

년 월 일	제 품 명	수량	금 액	사용호응도	사용기간

년 월 일	제 품 명	수량	금 액	사용호응도	사용기간

고객 & 회원 관리노트

☐ 소매고객 ☐ 회원
☐ 미혼 ☐ 기혼

성 명		회원번호		가입일자	
주민등록번호		전 화		핸드폰	
주 소					
직업/직위		가족관계			
기 타		E-mail			
사업보조자료전달					

년 월 일	제 품 명	수량	금 액	사용호응도	사용기간

년 월 일	제 품 명	수량	금 액	사용호응도	사용기간

고객 & 회원 관리노트

☐ 소매고객 ☐ 회원
☐ 미혼 ☐ 기혼

성 명		회원번호		가입일자	
주민등록번호		전 화		핸드폰	
주 소					
직업/직위			가족관계		
기 타			E-mail		
사업보조자료전달					

년 월 일	제 품 명	수량	금 액	사용호응도	사용기간

년 월 일	제 품 명	수량	금 액	사용호응도	사용기간

고객 & 회원 관리노트

□소매고객 □회원
□미혼 □기혼

성 명		회원번호		가입일자	
주민등록번호		전 화		핸 드 폰	
주 소					
직업/직위		가족관계			
기 타		E-mail			
사업보조자료전달					

년 월 일	제 품 명	수량	금 액	사용호응도	사용기간

년 월 일	제 품 명	수량	금 액	사용호응도	사용기간

고객 & 회원 관리노트

☐소매고객 ☐회원
☐미혼 ☐기혼

성 명		회원번호		가입일자	
주민등록번호		전 화		핸 드 폰	
주 소					
직업/직위		가족관계			
기 타		E-mail			
사업보조자료전달					

년 월 일	제 품 명	수량	금 액	사용호응도	사용기간

년월일	제 품 명	수량	금 액	사용호응도	사용기간

고객 & 회원 관리노트

□ 소매고객 □ 회원
□ 미혼 □ 기혼

성 명		회원번호		가입일자	
주민등록번호		전 화		핸드폰	
주 소					
직업/직위		가족관계			
기 타		E-mail			
사업보조자료전달					

년 월 일	제 품 명	수량	금 액	사용호응도	사용기간

년 월 일	제 품 명	수량	금 액	사용호응도	사용기간

고객 & 회원 관리노트

☐ 소매고객 ☐ 회원
☐ 미혼 ☐ 기혼

성　　명		회원번호		가입일자	
주민등록번호		전　화		핸드폰	
주　　소					
직업/직위		가족관계			
기　　타		E-mail			
사업보조자료전달					

년 월 일	제 품 명	수량	금　액	사용호응도	사용기간

년 월 일	제 품 명	수량	금 액	사용호응도	사용기간

고객 & 회원 관리노트

□ 소매고객 □ 회원
□ 미혼 □ 기혼

성 명		회원번호		가입일자	
주민등록번호		전 화		핸 드 폰	
주 소					
직업/직위			가족관계		
기 타			E-mail		
사업보조자료전달					

년 월 일	제 품 명	수량	금 액	사용호응도	사용기간

년 월 일	제 품 명	수량	금 액	사용호응도	사용기간

고객 & 회원 관리노트

☐ 소매고객 ☐ 회원
☐ 미혼 ☐ 기혼

성 명		회원번호		가입일자	
주민등록번호		전 화		핸 드 폰	
주 소					
직업/직위			가족관계		
기 타			E-mail		
사업보조자료전달					

년 월 일	제 품 명	수량	금 액	사용호응도	사용기간

년 월 일	제 품 명	수량	금 액	사용호응도	사용기간

고객 & 회원 관리노트

□소매고객 □회원
□미혼 □기혼

성　　명		회원번호		가입일자	
주민등록번호		전　　화		핸드폰	
주　　소					
직업/직위		가족관계			
기　　타		E-mail			
사업보조자료전달					

년 월 일	제 품 명	수량	금 액	사용호응도	사용기간

년 월 일	제 품 명	수량	금 액	사용호응도	사용기간

고객 & 회원 관리노트

☐ 소매고객 ☐ 회원
☐ 미혼 ☐ 기혼

성 명		회원번호		가입일자	
주민등록번호		전 화		핸드폰	
주 소					
직업/직위		가족관계			
기 타		E-mail			
사업보조자료전달					

년 월 일	제 품 명	수량	금 액	사용호응도	사용기간

년 월 일	제 품 명	수량	금 액	사용호응도	사용기간

고객 & 회원 관리노트

□ 소매고객 □ 회원
□ 미혼 □ 기혼

성 명		회원번호		가입일자	
주민등록번호		전 화		핸드폰	
주 소					
직업/직위		가족관계			
기 타		E-mail			
사업보조자료전달					

년월일	제 품 명	수량	금 액	사용호응도	사용기간

년 월 일	제 품 명	수량	금 액	사용호응도	사용기간

고객 & 회원 관리노트

□소매고객 □회원
□미혼 □기혼

성 명		회원번호		가입일자	
주민등록번호		전 화		핸드폰	
주 소					
직업/직위		가족관계			
기 타		E-mail			
사업보조자료전달					

년월일	제 품 명	수량	금 액	사용호응도	사용기간

년월일	제 품 명	수량	금 액	사용호응도	사용기간

고객 & 회원 관리노트

□소매고객 □회원
□미혼 □기혼

성 명		회원번호		가입일자	
주민등록번호		전 화		핸드폰	
주 소					
직업/직위		가족관계			
기 타		E-mail			
사업보조자료전달					

년 월 일	제 품 명	수량	금 액	사용호응도	사용기간

년 월 일	제 품 명	수량	금 액	사용호응도	사용기간

고객 & 회원 관리노트

□소매고객 □회원
□미혼 □기혼

성 명		회원번호		가입일자	
주민등록번호		전 화		핸 드 폰	
주 소					
직업/직위			가족관계		
기 타			E-mail		
사업보조자료전달					

년 월 일	제 품 명	수량	금 액	사용호응도	사용기간

년월일	제 품 명	수량	금 액	사용호응도	사용기간

고객 & 회원 관리노트

☐소매고객 ☐회원
☐미혼 ☐기혼

성　　명		회원번호		가입일자	
주민등록번호		전　화		핸드폰	
주　　소					
직업/직위		가족관계			
기　　타		E-mail			
사업보조자료전달					

년 월 일	제 품 명	수량	금　액	사용호응도	사용기간

년 월 일	제 품 명	수량	금 액	사용호응도	사용기간

고객 & 회원 관리노트

□ 소매고객 □ 회원
□ 미혼 □ 기혼

성 명		회원번호		가입일자	
주민등록번호		전 화		핸 드 폰	
주 소					
직업/직위		가족관계			
기 타		E-mail			
사업보조자료전달					

년 월 일	제 품 명	수량	금 액	사용호응도	사용기간

년 월 일	제 품 명	수량	금 액	사용호응도	사용기간

고객 & 회원 관리노트

☐ 소매고객 ☐ 회원
☐ 미혼 ☐ 기혼

성 명		회원번호		가입일자	
주민등록번호		전 화		핸 드 폰	
주 소					
직업/직위			가족관계		
기 타			E-mail		
사업보조자료전달					

년 월 일	제 품 명	수량	금 액	사용호응도	사용기간

년월일	제 품 명	수량	금 액	사용호응도	사용기간

고객 & 회원 관리노트

☐소매고객 ☐회원
☐미혼 ☐기혼

성 명		회원번호		가입일자	
주민등록번호		전 화		핸드폰	
주 소					
직업/직위		가족관계			
기 타		E-mail			
사업보조자료전달					

년 월 일	제 품 명	수량	금 액	사용호응도	사용기간

년 월 일	제 품 명	수량	금 액	사용호응도	사용기간

고객 & 회원 관리노트

☐ 소매고객 ☐ 회원
☐ 미혼 ☐ 기혼

성 명		회원번호		가입일자	
주민등록번호		전 화		핸 드 폰	
주 소					
직업/직위		가족관계			
기 타		E-mail			
사업보조자료전달					

년 월 일	제 품 명	수량	금 액	사용호응도	사용기간

년 월 일	제 품 명	수량	금 액	사용호응도	사용기간

Memo

Memo

MEMO

Memo

Memo

MEMO

Memo